Círculo Rojo

SINGLADURA HACIA ÍTACA

SINGLADURA HACIA ÍTACA

Josep Martí Esteban

Círculo Rojo
EDITORIAL

Primera edición: febrero 2024

ISBN: 978-84-1061-462-8
Impresión y encuadernación: Editorial Círculo Rojo

© Del texto: Josep Martí Esteban
© Maquetación y diseño: Equipo de Editorial Círculo Rojo

Editorial Círculo Rojo
www.editorialcirculorojo.com
info@editorialcirculorojo.com

Impreso en España - Printed in Spain

*A los que siguen su propio camino
manteniendo la esencia y la mirada limpia,
a pesar de los embates y golpes de mar
que nos da la vida.*

PRÓLOGO

A Josep Martí Esteban, gandiense de nacimiento y alcoyano de adopción, criado entre el olor a madera, debido a la profesión de ebanista de su padre, y espoleado por la imaginación, se le despertó en su juventud la curiosidad, la avidez y la sensibilidad por todo lo relacionado con el arte, en todas sus variantes. Viajero incansable, quizás sea su cercanía al mar, en este caso el Mediterráneo, lo que le haya inculcado esa pasión por la aventura, acompañado siempre por ese sentimiento poético que le caracteriza y la musicalidad de los cantos soñadores.

En dicho viaje descubriremos la necesidad de abrir nuestros corazones utilizando la poesía como una herramienta imprescindible para sacar fuera todas nuestras inquietudes y anhelos.

Como bien dice el título, *Singladura hacia Ítaca*, este poemario es la idea del reencuentro del mundo conocido y amado, nuestro mundo, imperfecto y añorado. Dicho viaje lo realizaremos a nuestra entera satisfacción a través de poemas realistas que nos describirán emociones y sensibilidades en toda su crudeza, entre los que encontraremos todo tipo de situaciones, vivencias, aventuras, ilusiones y momentos, y que nos harán sentir la vorágine de la vida diaria desde un sueño real.

En su primera composición, queda patente su declaración de intenciones:

Ven, comenzaremos a saborear las mieles,
a sentir el calor de los besos,
el perfume de las flores,
donde se adivina el camino al que nos invita a través de sus vivencias y reflexiones profundas y vitales.

Para ello, Josep Martí, cual Ulises, nos deleita y vierte todo su buen hacer en la preparación y realización de su singladura particular, invitándonos a acompañarle en ese camino en el que sentiremos la cotidianidad de los paisajes, la fuerza de los elementos, la familiaridad de las miradas y, por supuesto, la realidad de nuestras situaciones personales. No condiciona nuestros sentimientos, simplemente nos muestra los suyos mediante un juego exquisito entre el disfrute de la vida, las situaciones cotidianas y los latidos del corazón.

No importa el tiempo que dure el viaje, ni las vicisitudes encontradas por el camino. Todo forma parte de la gloria alcanzada tras la lucha contra los elementos, contra un sistema caduco y perdido en su esencia, reflejado en instantáneas perfectamente reconocibles en cada una de sus composiciones. La aventura está asegurada, los recuerdos aflorarán entre líneas magistralmente trazadas.

Escucharemos las palabras del mar, nos cegará su belleza celestial, sentiremos las historias infinitas contadas por las gaviotas y descubriremos el fuego de abrazos ausentes; dudaremos de si cualquier tiempo pasado fue mejor, o si vale la pena continuar los pasos ante los devaneos e inclemencias de nuestras actuaciones. La disyuntiva se irá aclarando a medida que transcurrimos por entre estos poemas clarividentes y profundizamos en su significado, sintiendo como nuestras sus visiones.

Finaliza su obra reflexionando de forma magistral sobre la prudencia exigida por los avatares encontrados.

Con singladuras singulares
van superando dificultades,
unos yendo a toda vela,
otros con más cautela.

Desde esa mirada que le caracteriza y la responsabilidad que ostenta como bandera, el capitán Josep Martí nos hace señales desde el puente de mando con manos firmes y seguras. Su veteranía y su ilusión nos dan seguridad, nos invita a acompañarle. Ya está todo listo. Pongámonos cómodos. Va a comenzar la singladura hacia Ítaca.

ANTONIO JULIÁN ZACARÍAS TOGORES TORRES
Poeta y prologuista

VEN

Ven, comenzaremos a saborear las mieles,
a sentir el calor de los besos, el perfume de las flores,
las caricias por todo el cuerpo con los primeros
rayos de sol apenas nace.

Ven, tenemos todo un mundo
para descubrir y ser nuestro,
de ternura y glotonería,
de peladillas y caricias,
de erotismo y ambrosía,
de gozar día tras día.

Ven, serán días interminables
acompañados de pájaros y rosas
con sus trinares y esencias,
tú y yo en el centro de todas las cosas.

Ven, estaremos al rescoldo del hogar,
donde estalla el gozo y la serenidad por la vida,
donde la mar en calma apacigua las olas
en un futuro que parezca eternidad.

SUBURBIOS

Era un día triste y nublado,
yendo por uno de los barrios
que bordean la ciudad
de repente y sin aviso
descubro, más que un poblado,
un suburbio por todos ignorado,
la imagen genuina de la miseria
viviendo o sobreviviendo entre barracones.

Era un día triste y nublado
entre un conglomerado de maderas,
charcos, vehículos sin ruedas…,
familias con niños y recién nacidos
amontonando hierros y plomo.

Era un día triste y nublado,
vecinos de nadie y olvidados de todos,
amos de la intemperie y la orfandad,
hijos de la pobreza y de la quincalla,
invisibles para los ayuntamientos,
la autoridad pasa por aquí… y calla.

Era un día triste al que le seguirán
otros tantos, hasta ahora
los hijos de la pobreza y la quincalla
están abocados al cruel destino
por el deseo de algún canalla.

MI TÍO RAFELO

De pequeño ya lo veía pequeño,
mantenía la estampa del auténtico labrador.

Alpargatas de careta,
pantalones de camal corto
sostenidos por la faja negra,
montado encima de su burro.

Tenía sueños más grandes
que la medida de su anatomía,
a todos les decía
que le gustaría ser fornido y alto.

Para fumar sacaba tabaco picado
de la tabaquera bajo la faja,
encendiéndose el cigarro enrollado
con el encendedor de piedra y mecha.

De las chispas al encender
quemaba las camisas agujereándolas,
su mujer no tenía bastantes manos
para zurcirlas o comprar nuevas.

Era tan peculiar que, viniendo de la huerta
y entrando en casa, unos turistas que pasaban
le hicieron un repaso de fotos para llevar;
él, sin inmutarse, se apeó del animal
y como dueño de su casa cerró el portal.

ATREVIDOS

El mundo es de los atrevidos, de los intrépidos,
de los que prueban con ansia las mieles primerizas,
los que estrenan, los que descubren,
los que plantan los hitos delimitando terrenos y valles,
abren vías y carreteras, puentes para cruzar ríos
yendo siempre más allá, siempre será la penúltima
singladura o estación término.

No habrá fronteras, ni puertas ni rejas tan fuertes
como su predisposición a la conquista, la lucha
y dominio como derecho natural.

Pobres, no conocen ni se han parado a contemplar
la maravilla de las cosas pequeñas, el murmullo
del agua por el río, los valles con todos sus insectos,
los pájaros acompañando la mañana después de la lluvia
del arco de San Martín, pararse a ver el bosque espeso y florido,
el sotobosque con sus umbrías y líquenes,
todo en sintonía, y el transcurrir de su tiempo.

En resumen, contemplar la vida tal como es.

CIRCO ANIMADO

Sentado en lo alto de una peña
como un dios hacedor y domador,
contempla su circo animado
por la pista del altiplano, salpicado
de truenos, relámpagos y ganados,
caballos desbocados, unicornios
y elefantes tocando sus trompas
un tanto desafinados, acompañando
a la comitiva abriendo el festival.

El circo en el que todos participan
son actores y espectadores,
haciendo y deshaciendo a su manera
juegos malabares para tirar hacia delante.

El circo, con todo tipo de personal,
políticos con la bola roja en la nariz,
los atrevidos que arriesgan sin red,
los que manejan los dineros en la taquilla,
los potentados, con sombrero de copa,
mandan con el látigo domando
a funcionarios y sindicatos,
los tribunales redactan el programa,
las fuerzas de seguridad, los aposentadores,
los medios de comunicación, los animadores…

El circo está montado, atado… y bien atado.

LA MAR

La mar, mi amor intemporal,
de pequeño y ahora de mayor
te añoro siempre que de ti me alejo,
te conozco bien, en calma o en temporal.

La mar, origen y fuente de la vida,
acogedora como cavidad amniótica
me siento como dentro de la placenta
sumergido en su calma.

La mar es un ente con personalidad,
la mar, la otra mitad de la madre tierra
circundada de playas de fina arena,
con aves que caminan y vuelan.

La mar, camaleónica, cambia de tonalidad
de matices de grises al azul flamante,
salpicada de olas sinuosas de espuma blanca
contorneándose como dama elegante.

La mar, el mar, hermafrodita gramatical,
testimonio de odiseas y leyendas marinas
siempre estará abierta para vivirla.

PIENSO DEJARLO

Me levanto por la mañana entre la voz ronca,
tos y demás sonidos guturales,
de la mesita de noche de manera espontánea,
inconscientemente, cojo un cigarrillo del paquete.

Un placer entre las manos, doy una calada ensimismada,
noto el humo bien adentro, hacia los pulmones
como jeringa en sangre.

De repente, comienzo de nuevo con la tos y ahogamientos,
pienso en dejarlo, todo es cuestión de voluntad,
pero sé que tengo poca, soy débil, lo confieso,
quiero olvidarme del tabaco, al instante pensándolo bien
prefiero guardarlo en el cajón, empiezo a toser,
soy tozudo, pienso dejarlo, me lo estoy pensando,
quién sabe, igual se me pasa… por si acaso.

TODO LO QUE DA UN DÍA

Apunta el sol, subimos la persiana,
corremos la cortina, vamos a la cocina.
Todo lo que da un día
cargamos la cafetera, conectamos la tostadora,
tres sorbos y la cartera, vamos a la cochera.
Todo lo que da un día
El vecino nos da los buenos días,
comienza la rutina, los niños a la escuela
el tiempo va que vuela.
Todo lo que da un día
Una vez todos repartidos
la pareja con los hijos,
cada uno a su tarea
ya vendrá la hora de volver a casa.
Todo lo que da un día
Unos cocinan, otros comen fuera,
a la tarde toca la vuelta
a preparar la próxima jornada.
Así es lo que da un día,
así, así es todo lo que da un día.

DOS LOCOS

Somos dos locos al albedrío del viento ábrego
meciéndonos por el suroeste,
viviendo y fantaseando con cuerpo y mente.

Tomamos las decisiones que nos antojan
lo decidimos como vuelos de gaviota,
de manera libre, revoloteando por la marina,
dos ánimas siamesas unidas por la aventura.

Vivimos al servicio de la magia y nuestra doctrina,
sin normas ni leyes forasteras, solo las nuestras,
vivir dignamente sin apilar cosas que ya no se usan,
vivir de acuerdo con lo que nos ofrece la vida.

Somos austeros, todo es aprovechable y sostenible,
somos ricos en agradecimientos, cada día son regalos,
somos abundantes por saber apreciar la belleza,
somos y tenemos en cuenta los animales y el planeta.

Dos locos viviendo con felicidad y coherencia
pensando, diciendo y actuando al margen del qué dirán,
nuestra vida la llenamos de emociones a lo grande,
en el amor y el cariño nunca actuamos con mezquindades.

LAS MANOS HABLAN

Son el perfecto complemento
de la palabra, la mirada y la mente.

Hay manos generosas que acarician,
otras manos terribles que castigan,
manos amables que saludan,
manos que por la espalda apuñalan.

Hay manos que ofrecen,
otras que no pueden dar,
manos que construyen,
otras tantas que destruyen.

Hay manos que tapan bocas,
otras manos que cubren ojos,
manos que se usan como puños,
otras tantas amenazadas y atadas.

Las manos, extremo y reflejo de la mente
que a veces no domina el corazón,
pudiéndose descontrolar situaciones
por torpeza y malas decisiones.

ESCRIBIR POEMAS

Intento escribir unos poemas
con el ánimo calmado y predispuesto,
abriendo todos mis sentidos y centrado,
no todos los días está uno inspirado.

Trabajo agradecido, aunque laborioso,
poder transmitir sentimientos,
hacer vibrar el corazón y el entendimiento
es para estar más que satisfecho.

Volcar emociones sobre un papel
de manera simple parece un milagro,
al final desemboca en un sublime acto
de generosidad que hace vibrar al prójimo.

ESTAMENTOS

Los asalariados hilan.
Los militares desfilan.
Los políticos despilfarran.
Los policías desarticulan.

Los empresarios maquinan.
Los autónomos aguantan.
Los funcionarios empapelan.
La Iglesia cobra y no paga.

Unos aportan, otros soportan,
los terceros cobran
y otros tantos no pagan.

El reparto del sufrimiento,
unos pocos viven a caballo,
muchos se arrastran y no llegan.

VENÍAS DE CARA

Venías de cara por la calle,
vestías con ropa desenfadada,
tu imagen parecía un tanto descarada,
me atrajo la atención tu mirada.

Tenías el semblante (o me parecía a mí)
un tanto triste, como escondiendo un pasado
de soledad y orfandad no deseada.

Muchos nos marcamos un cliché de conductas
según los cánones de sociedades uniformes,
según reglas no escritas de cómo aparentar
ser felices, vestir con normas y a la moda.

Hay que ir tal como eres, todos tenemos etapas,
secretos y circunstancias que quemar en la vida,
como el líquido que se remueve y necesita reposo
para estabilizarse y encontrar el sosiego algún día.

Pobre del joven que no ha sido revolucionario,
es casi una contradicción, un contranatura,
son tiempos de ideales, de metas, de sacrificios,
de siembra, de conquista y cada uno siga su meta.

QUÉ MUNDO

Qué mundo, lleno de tantas cosas,
tan vacías, prescindibles y anodinas,
de profetas predicando quimeras en el aire,
de apóstoles anunciando miedos por las plazas.

Qué mundo de oligarquías bien asentadas
olvidándose de la buena gente del pueblo,
personas sencillas, agradecidas y nobles,
ignoradas desde siglos y subyugadas.

Qué mundo hemos preparado a nuestros hijos
sin sacar cabeza y sin atar los hilos
de un mundo futuro recalentado y contaminado
por egoísmo y ceguera de los que mueven el planeta.

Qué mundo de conflictos y guerras fratricidas
provocadas por oscuros intereses monetarios
enviando al frente a jóvenes sin rencor ni odio,
tan simple como querer vivir en paz sus vidas.

Todavía estamos a tiempo de evitar la conducta
inhumana sin remedio, yendo por la senda recta
evitando el final de un planeta sin humanos.

MEDIDAS

A la hora de expresarnos
tenemos a nuestro alcance
muchas maneras de medir
sin caer en el exceso.

Así podemos comer
una loncha de queso
con un trozo de jamón
continuando con un pellizco
de frutos secos y almendras
con una rebanada de pan blanco,
también una cortada de melón
con un poquito de canela.

Para postres pediremos
porciones de pastelitos
con confitura de chocolate.

Todo a la medida de nuestros
deseos y necesidades según
el hambre y la gana de cada uno.

DE CARA AL MAR

Origen y primigenia de la vida,
un privilegio ser costero,
tierras abiertas a travesías
compartiendo singladuras
de costa a costa sin forasteros,
así es el mar Mediterráneo.

De cara al mar y espíritu abierto
me dejo embeber de la historia
común y ancestral de culturas,
dejándonos un poso y cruces
de maneras de pensar, de vivir,
de alimentarse, relacionarse…

De cara al mar, percibes un amplio horizonte,
olas rompiéndose con caricias en la arena
emulando el latido del corazón,
tengo la sensación de formar parte
de un gran latido del universo.

De cara al mar percibes el erotismo de los olores,
salobres, crujir de maromas, vuelo de gaviotas,
el mar, la mar… la cuna de la vida.

ESTAMOS HECHOS

Estamos hechos de sueños en color,
de miradas que crean anhelos,
de manos que sostienen esperanzas,
de ilusiones como un mar de flores.

Estamos hechos de chispas de fuego,
del relámpago que da energía,
del cariño que te empuja cada día,
del hombro donde reposar el llanto.

Estamos hechos del agua que calma la sed,
de la raíz que resiste la tormenta,
del que impulsa la ola hacia la cresta
del ancla que da seguridad al endeble.

Estamos hechos del faro que ilumina caminos,
de las mieles que acaban con las hieles
de las cataplasmas que curan pesares
del hogar que acoge a los peregrinos.

Estamos hechos de la brisa que acaricia,
del refugio donde impera la amabilidad,
de la austeridad que mata la avaricia.

ME ABRO, ME CIERRO

Como el constante latido del corazón
con el sístole y diástole,
así como siento alegría y miedo,
así me abro y me cierro.

Todo en la vida tiene contrapartida,
me abro delante del positivismo,
me cierro delante del clasismo,
la exclusión, el racismo y machismo.

Algunos *ismos* suponen marcar,
diferenciar, separar, insultar...
Prefiero las palabras que suman,
como congregar, juntar, ayudar.

Me abro a pensar, crear, discurrir
un mundo más igualitario y solidario,
me cierro a conflictos bélicos
de guerras que intentan dividir.

Me cierro y me niego a ver una Europa
rica e hipócrita creando guetos y murallas
a los inmigrantes en las fronteras.

DARME CUENTA

De pronto, descubro que me alimentan
sentimientos que nunca había tenido en cuenta.

Me doy cuenta de que con el alma sosegada
se respira la vida con gratitud y calma.

Sentir el calor del amigo
cuando menos lo esperas
ayudándote sin quimeras
es como abrirse la luz del día.

Notar la lluvia en el rostro,
el olor a tierra después de la tormenta,
primavera que de nuevo se estrena,
tan antigua como nuestros ancestros.

De pronto te cambia la vida
con mil detalles y sorpresas
abriendo los sentidos para percibir
que todo está vivo y te invita.

MOMENTOS Y COLORES

Momentos incógnita,
¿cuáles son?, ¿cómo son?

Nuestros momentos multicolores.
Momentos blancos de inocencia,
sin mancha ni engaños.
Momentos redondos como la noria.
Momentos brillantes de luna llena.
Momentos, momentos y regalos
que hay que embolsarse y guardar,
momentos malva que vendrán,
dejémonos y aprovechemos el presente,
momentos dorados de un horizonte,
momentos rojos como claveles,
momentos íntimos y ardientes,
momentos y acontecimientos
para grabarse en los pensamientos.

Momentos verdes y carnales
son los que tienen los amantes,
verdes también de esperanza
de naturaleza llena y ancha,

momentos de sol radiante,
amarillos, los que traen buena suerte.

En la viña o en la vida hay de todo,
no podemos evitar momentos malos,
negros y duros como el carbón,
pero, como el carbón se consume,
se apaga y se acaba.

Los momentos son vida compartida
con gente querida y amada,
la vida es una y hay que aprovecharla.

NIÑOS

Siempre son y serán felices,
almas blancas de inocencia,
de reciente estrenada existencia,
la fuerza del futuro sin matices.

Inician la vida como el riachuelo,
un primer tramo rápido, entre piedras,
ligero y desprovisto de orientación,
en el meandro irán menguando las prisas.

No saben de condicionamientos
ni sociales ni manías de mayores,
para ellos los amigos son lo mejor,
disfrutando del juego a cada momento.

Pronto los cargarán de deberes,
asignaturas y extraescolares al colmo,
los cuadricularán a nuestro antojo
diciéndoles lo que tienen que hacer.

Criarlos en libertad, respetar sus decisiones,
sin adoctrinarlos en religiones
para una sociedad de librepensadores.

DICTADURAS

Pasaron años, está todo en los escritos,
sin poder cuestionarse nada y menos hablar,
vinieron exaltaciones frente a los altares,
llevándolo bajo palio como a Jesucristo.

Un país entrando en una bajeza moral,
de venganza y limpieza del diferente,
como espada de Damocles siempre presente,
adoctrinados por los amigos del santoral.

Impusieron, por una parte, el misal;
por otra, amenazaban con el palo,
la fuerza bruta, sin derechos humanos
entrábamos en la época medieval.

Tiempos de curias y dictaduras,
tiempos de derechas sin derechos,
tiempos de pasarlas estrechas,
tiempos de silencios y cunetas.

En derechos no hay nada asegurado,
todo puede volver… y volver al pasado;
seamos valientes, paso a paso, voto a voto.

SILENCIO

Silencio es estar con uno mismo,
momentos buscados o encontrados,
intermedio entre ruidos,
solo los latidos del corazón
me acompañan: *bom, bom.*

El silencio es reflexivo y creativo
donde emergen fantasías,
un mundo de vidas posibles,
el silencio siempre es positivo.

El silencio es el vacío,
un vacío lleno de gozo
donde despierta el espíritu,
muere el bullicio y nace lo sublime.

El silencio es reencuentro,
ir al centro de uno mismo,
de morir y volver a nacer,
así vamos todos aprendiendo.

MUIXERANGA

Músculos fornidos en tensión,
piernas y brazos entrelazándose,
poco a poco van sumándose
a la torre en plena atención.

Todo un símbolo de colaboración
mezclándose sudor, sentimientos
y superación de un pueblo consciente
de su historia, no solo presente,
de siglos de gloria como nación.

Escritos y documentos lo corroboran,
monumentos humanos hacia el cielo
con fuerza, orgullo, afán y anhelo,
en lo más alto, niños lo coronan.

Inyectar savia nueva y creadora,
unidos como un puño para continuar
codo a codo como una identidad,
ofrecer la esencia de gente luchadora
con empuje para hacerse respetar.

DIÁLOGO

Voy por la calle y observo
uno que va solo pensando,
dos conversando,
tres, todos a la vez hablando,
en eso ninguno está escuchando,
ni tan solo son cuatro gatos.

El diálogo dentro de un orden,
escuchar, reflexionar y contestar,
si no es así no hay debate,
el debatir es todo un arte,
hablar, escuchar sin pisarse,
hablar todos y en orden.

CIELO Y MAR

Cielo y mar se entrelazan
en el infinito más bello,
en el horizonte más claro.

Mar y cielo, territorio de sueños,
de épicas historias,
de odiseas marinas.

Cielo y mar, praderas infinitas
de crestas blancas
pintadas de nube y sal.

Mar y cielo, de tempestades y rayos,
de un sol dorado al amanecer o al ocaso,
tanto por poniente como por el este.

Cielo y mar, de gaviotas y delfines,
de leyendas y sirenas, de barcos y piratas
hasta los últimos confines.

MAQUILLAJE

Es el recurso de un buen final,
lo que importa es la imagen,
escaparate que todo lo cubre,
el continente es lo que importa.

Si el nivel de calidad,
de presencia o prestigio no llega,
un buen maquillaje adecuado
es el mejor sello para la venta.

Hoy lo importante es la fachada,
los detalles o la inconsistencia
se camuflarán bajo una alfombra,
todo está pensado de manera efímera.

Estamos en la sociedad de la prisa,
no se encuentran artesanos de las manos,
la cultura del esfuerzo no es talismán
hay que enriquecerse sin dificultad.

¡Quién no recuerda las tartas de la abuela! Hechas con recetas
de generaciones, ahora es industrial, sin toque personal,
ahora somos universales… sin esencia.

MIRO DONDE MIRO

Miro donde miro, alrededor veo tu imagen
emergiendo como surtidor.

Piense lo que piense,
te encuentro entre mis pensamientos
sin llegar al olvido ni desconexión.

Vaya donde vaya,
me persigue tu espectro; si corro él corre,
imposible desprenderme.

Coma lo que coma,
en el plato te veo reflejada
borrándose si pido lomo,
es mi homenaje preferido.

Habiendo descubierto la solución para el olvido
ahora miro, pienso y como
pensando y pensando en el lomo
he llegado a la conclusión… y solución.

INDESCRIPTIBLE

Es tan grande la angustia,
tan enorme la desgracia,
unidos en un amargo abrazo
hecho bola amorfa de fuego,
quemándonos las entrañas,
incapaces de evitar el vacío
del abismo abierto bajo nosotros,
imaginándonos ausentes
frente al fruto de nuestra vida
temblando, con mirada vacía
y fiebre con castañear de dientes.

Es muy triste recordar
con lágrimas secas
que el único abrazo tan sentido
fuese ligado a la desesperación
de un momento y no tanto al deseo
del afecto y el cariño.

Es muy triste que pasados los años
el recuerdo del momento no superado
haya dejado en un corazón cansado
la espina punzante como demonios.

QUÉ MISTERIO

Qué misterio es la persona;
a veces, de alma perversa
a gloria bendita, con sonrisas
que te dan la vida.

Qué misterio es la caricia
dando aliento a la tristeza
que con toda certeza
la mirada se torna esencia.

Qué misterio ensamblar
alma con alma los abrazos,
uniendo todos los pedazos
que la vida logró separar.

Qué misterio es la mirada
acercando sentimientos,
notando del corazón la pulsada.

Qué misterio notar la presencia
de tu imagen dando amor y aliento,
a pesar de la ausencia.

APRENDÍ

Aprendí a perder con paciencia,
hacer frente a batallas imposibles
como altas murallas, invencibles,
con mis armas y mi insuficiencia.

Aprendí a perder frente a la ira
de gente extraña y también amiga,
no quiero que en mí arraigue
tanta maldad que en mí existiera.

Aprendí de las falsas derrotas,
de concebir ficticias expectativas
porque en el fondo ya adivinas
cuando las entrañas las tienes rotas.

Aprendí que, aunque tarde,
con un poco más de coraje y tino
daría la vuelta a un nuevo ciclo.

Con la veteranía aprendida
seré más cauto ante lo desconocido,
mejor ir alerta sin ideas preconcebidas.

PASAREMOS

Pasaremos por noches negras
como el luto de la viuda en su pena,
cruzaremos cañadas ajenas
deseando encontrar personas íntegras.

Pasaremos hambre, sed y locura
por desiertos y desventuras,
llegará el día de las aberturas,
de los besos, abrazos y ternuras.

Pasaremos de las tinieblas oscuras,
de las tristuras, a la vida sin premuras,
sonreiremos de nuevo por la comisura
sin tener que soportar ninguna impostura.

Pasaremos de opiniones y habladurías,
gozaremos del presente sin espesuras
bajo un cielo azul de luz radiante y pura.

Pasaremos y pasarán a la historia
nuestras hazañas y diabluras raras
en un mañana de placer y sin penurias.

TARDES DE VERANO

Tardes tórridas de verano,
el aplacado silencio reverdece,
el viento apenas mece,
es el agosto en todo lo alto.

La arboleda se adormece,
el sauce sigue con su lloro,
sumándose al sueño mi loro,
el río, seco con poco cauce.

Como losa cae el astro sol,
cantan las persistentes cigarras,
gatos estirados sacando las garras,
quietos y aletargados con sopor.

En el patio, el agua de la fuente
precipitándola al estanque
es el único testigo refrescante
que resuena en todo el ambiente.

En el patio, con hamacas y geranios,
el último reducto, dios mediante,
como sedante a tantos agobios.

INSECTOS Y FLORES

Nos conmueve la naturaleza,
flores amorosas abriéndose
al amor de los polinizadores;
cuánta armonía y belleza.

En primavera y sus mañanas
van de flor en flor las abejas
tras sus efluvios, sus aromas
y el fruto de sus entrañas.

Cuánta grandeza recíproca,
cuánto empeño y derroche,
el mejor ejemplo como broche
de una naturaleza tan pletórica.

NACER, VIVIR, MORIR

Nacemos y ya vamos muriendo;
vida hecha de momentos,
de alegrías y tormentos,
así es el transcurrir de los tiempos.

Nacemos con sentimientos intactos,
cubículos vacíos para ser llenados
de acciones, creencias o proyectos,
de ellos saldrán triunfos o fracasos.

Vivimos como el curso del río,
impetuoso en los primeros años,
en el tramo medio somos meandros,
al final tendremos el caudal de lo vivido.

Viviremos con plenitud mientras vayamos
aprendiendo el sentido de lo vivido,
beberse la vida y ser siempre agradecido.

Morir no será tan malo habiendo amado,
haber sido generoso, plantado un árbol
y sembrado la semilla de otro ser humano.

ROSAS CON ESPINAS

No hay rosas sin espinas
ni amor sin melancolía,
seamos la luz de cada día,
a la vida pongámosle ganas.

El mundo es de los atrevidos,
hay amores que pinchan,
hay espinas que te despiertan,
hay espigas que dan sus frutos.

Hay amores que son fragancias,
amores que dan mala espina,
amores como espinas clavadas,
amores capullos que no llegan a rosas.

Rosas con pétalos que incitan
a un mundo de voluptuosidades,
a un manantial de sensualidades,
a afiladas espinas que se clavan.

La luna brilla en el cielo con su sombra, es su espina clavada,
al igual que la espina de la rosa con su peciolo y su corola.

DOS AMORES

Vivir con dos amores,
olas hacia dos orillas,
amores sin derivas,
tres son multitudes.

Todo un mar de pesadillas,
mentes partidas entre mitades,
desnudas de verdades,
es como vivir de rodillas.

Un triángulo de Bermudas,
dos siempre serán (el otro o) la otra;
una sentirá la derrota
si las dos no se quedan mudas.

Con poca cabeza y timón roto
se navegará entre tempestades,
nunca se llegará a buen puerto.

Los tríos, dos más uno (o una), tres,
siempre entre arrecifes y corales
con peligro de embarrancar… Será el desastre.

POR DELANTE

Hoy romperé con el pasado
de aguas estancadas y negras,
quiero cruzar otras fronteras,
me siento triste y atrapado.

Busco vastos horizontes
sin consentir que nadie me acote
ni me carguen ningún capirote,
quiero encontrar referentes.

Lucharé por mares abiertos
con enemigos frente a frente,
soy consecuente y coherente,
descubriré a los escondidos.

Quiero aflorar mi autoestima,
enfundar mi capa voladora
con mi mente triunfadora.

Llegaré hasta los confines,
impartiendo justicia y compartiendo
con los débiles y demás afines.

MISÓGINO

Quizá debo darme un tiempo,
darme un respiro
o directamente me piro
después de un largo suspiro.

Hay relaciones que te atrapan,
te envuelven con las redes
invisibles que no las ves,
pero a la mente la sobrepasan.

Todo tiene sus límites,
están bien los compromisos,
pero no para ser tan sumisos,
hay cosas que no admites.

Volveré con mis amigos,
somos compadres desde niños,
nos damos con un canto en los piños
por mantener nuestros códigos.

Los mejores momentos en la vida
de los que no puedes prescindir,
compartir con los colegas unas birras.

CONTAGIO

Me siento preso en mi casa
entre gruesos barrotes de miedos,
como tigre en su jaula, por los suelos
revolviéndose entre la paja.

Sin fuerzas para dar un paso
con temor a que me contagien,
no me atrevo a salir con alguien,
mejor me quedo, por si acaso.

Maldito virus y maldita pandemia,
dicen que todo empezó en China,
qué mala suerte, me tocó la china,
estoy recluido, tendré paciencia.

De momento me he librado,
tengo que ser fuerte de mente,
salir a comprar irremediablemente.

Comer y comerme los miedos,
temores y tragedias acaban pasando,
voy a estar bien, cruzaré los dedos.

OCASOS

En la calma del crepúsculo
voy repasando todo mi día,
de mi día y mi vida
intentando sacar músculo.

En la calidez que dan los años,
con el sosiego del alma cansada,
gran parte de mi vida ya olvidada,
sobre todo, de los desengaños.

En ese instante del declive,
a pesar del amnésico deterioro
consigo mirar a los ojos y el rostro
hasta de mis enemigos inclusive.

En ese sublime momento sagrado,
justo llega el balance de lo vivido,
siempre he comido por lo servido.

Aterrizo en este postrero viaje
de manera suave y amable
sin maletas y con lo puesto.

ESTACIONES

Intervalo entre viajes,
corazones de paso
que esperan el traspaso
a otro tren con sus equipajes.

Parece que viene con retraso,
se acercan a comprar un libro,
lo mejor para seguir el camino,
o piden un café servido en vaso.

Con paciencia y resignados,
unos, ansiosos por continuar,
todos, mirando su reloj de muñeca,
el de la estación está averiado.

Observan atentos la vía de entrada
mientras megafonía avisa la llegada,
todos prestos van a por sus maletas.

Al fin siguen hacia el reencuentro,
unos por familia, otros por trabajo,
para viajar hay que tener algo de cuajo.

MEDIEVO

En sus carrozas iban los reyes
con su comitiva por las calles,
vitoreando los súbditos tan alegres
arrojando a su paso pétalos de flores.

Con mucha pompa y timbales,
bailarinas con sedas orientales,
caballeros montando sus percherones,
vomita fuegos con juegos malabares.

Todo a la altura de las catedrales,
repicando campanas al vuelo
y el planear de palomas con su revuelo,
parecía una estampa salida del pasado.

Hoy día no estamos para cuentos,
es el siglo veintiuno, no el Medievo,
no hay súbditos, hay ciudadanos.

No hay prerrogativas ni privilegios,
ante la ley somos iguales en derechos,
pasó el tiempo de los títulos regios.

PASA LA VIDA

La vida se lo lleva todo por donde pasa,
es corta y escasa en cada uno de sus recodos,
es frágil y también contundente en sus modos,
es aliento entrando en los pulmones y en el alma.

La vida, como maestra, te enseña,
te pone a prueba, repitiendo si no aprendes
a crecer y a crujir las costuras de tu mente,
de quitarte la silla cada vez que te sientes.

La vida es espejismo, creas tu futuro de fantasía,
cuando crees que lo vas a conseguir,
caminando muy seguro de ti, te agita
y te despierta ante la más cruda realidad.

La vida es una nube, vigilante desde lo alto,
es vaporosa, poco firme y cambiante de forma,
siempre adelante, a veces oscura y amenazante.

La vida es única en cada uno de nosotros,
no hay más periplos, vivencias ni reválidas,
saldremos de ella los que hayamos vivido y amado.

NATURALEZA VIVA

El olor de la hierba cortada,
la brisa acariciando mi pelo,
la garza alzando el vuelo,
el olor a tomillo y lavanda.

Gotas de rocío en la mañana,
el perro dormido en la leñera,
bandadas de pájaros por la pradera,
mientras el sol amanece por la montaña.

El abrir silencioso de las rosas,
las abejas cogen el polen con esmero,
el pastor con su morral de cuero
conduce con el mastín las ovejas.

Arboledas llenas de pájaros con sus cantos,
la fuente de agua fresca y transparente,
los prados con sus verdes mantos.

Se encaraman a los pinos las ardillas
royendo las piñas y sus piñones,
brincando más alto para estar tranquilas.

EL LIBRO

Compañero al alcance de la mano,
ventana abierta a la inspiración,
enriqueciendo la vida con más pasión,
historias infinitas que gentilmente afano.

Puede que sea el mayordomo el culpable,
o lo denunció la amante despechada,
página a página la trama será desvelada,
al final era el conductor del descapotable.

Compañero de sofá o de los viajes,
confidente en la mesita de noche,
cuando lo dejes no hará reproches
seguirán esperándote los personajes.

El perfecto complemento de la soledad
siempre será una ventana a la aventura,
a sentir, a vibrar... a cualquier edad.

Los libros nos hacen más libres,
más despiertos, más críticos y tolerantes,
el aliado en quien confiar por sus mimbres.

PRIMAVERA

Todo se despierta de repente,
la naturaleza se confabula,
la primavera se abre a la fábula
con los seres vivos y el ambiente.

Todo reverdece, con paisajes
que son obras de arte, representadas
como en anteriores primaveras,
es el milagro de la vida sin ambages.

Nuevos vigores corren con sus savias,
ramas que se alargan como atalayas,
mantos preñados con flores y bayas
desparramando semillas y fragancias.

Por todos los barrancos y riberas
se anuncia la buena nueva, la sazón,
el punto o clímax de la creación.

Ganados retozando con sus crías,
por las altas montañas, antes de blanco,
ahora mudando al verde, verde alegría.

BENDITA LLUVIA

Lluvia que se precipita
cayendo sobre la sombra
de la tarde, pura y limpia,
haciéndola cristalina.

Lluvia generosa y abundante,
desentumeciendo las mentes
mientras refresca deseos ardientes
y aclara cielos de muertes.

Lluvia regeneradora de ansias,
de primaveras llenas de vida,
perturbadoras de monotonías
abriendo mi pecho de esencias.

Lluvia venida desde la sierra,
premoniciones hechas de nubes,
precipitando las aguas a la tierra.

Queremos rociarnos en tus fuentes,
bucear en tu vientre y empaparnos
como hacen los buenos amantes.

SACAR A PASEAR LA PASIÓN

No se trata de mirar,
hay que observar, admirar;
no se trata de notar,
hay que acariciar con la mirada.

No se trata solo de hablar,
hay que arrullar la palabra,
entonarla, declamarla,
acompañándola con la sonrisa.

No se trata solo de abrazar,
hay que juntar los corazones,
sentir bien adentro los amores,
apretando hasta el fondo del alma.

No se trata solo de besar la boca,
se entrega la unión de dos seres
en una misma lealtad inequívoca.

No se trata solo del acto sexual
con placeres mecánicos y egoístas,
es unión de dos deidades dando vida.

ERES

Eres la brisa
que guía mis pasos,
eres la raíz donde
se anclan mis deseos.

Eres el sosiego
que calma mi tormenta,
eres la luz que da vida
a mi triste mirada.

Eres el faro
que ilumina mi llegada,
eres la gracia
que mantiene mi alegría.

Eres la deidad
en la que creo
y tengo afinidad.

Eres la compañera
que con tu fuerza y cariño
mantienes nuestra unión entera.

QUISIERA OLVIDAR...

La huella del silencio, seco, impuesto, que en mi pecho perdura.

El vacío de estruendo sonoro como caracola abandonada.

El temblor de mi voz cuando apenas pronuncio tu nombre.

El claroscuro de una habitación desolada, fría y amortajada.

La avidez nerviosa ante la inminente incerteza de tu llegada.

La cicatriz abierta ante la impotencia de aceptar el desgarro
en dos partes de nuestros caminos ya separados.

La monotonía vacía y preñada de unas sonrisas
transmutadas en muecas forzadas sin vida.

Las noches de implorar ante la nada sin eco de respuesta.

El deambular por un desierto sin horizonte ni utopía.

El transitar por un mapa sin destino, sin vías ni coordenadas.

ACRÓSTICO

Joven era, de eso hace mucho,
Observo ahora, con el tiempo pasado,
Sutilmente he mejorado
En el disparo de cada cartucho
Para acertar en el centro del círculo.

Muchos son los errores cometidos,
Ahora he aprendido y soy más sabio,
Reflexiono antes de cualquier cometido,
Trato de enmendar los desatinos,
Inevitablemente sigo errando, soy humano.

CRUCE DE CONCEPTOS

Estoy despierto y soñando,
soñando que estoy dormido,
estoy durmiendo y soñando,
estoy vivo y despierto.

Soñando que estoy vivo,
viviendo, estando dormido,
estoy vivo y soñando,
duermo y sueño que vivo.

Sueño, despierto y vivo,
vivo, despierto con sueño,
despierto, sueño que despierto.

CONCENTRARME

Intento concentrarme,
a mi alrededor todo es debacle,
estoy entrando en bucle,
tendré que enclaustrarme.

Me conectaré los auriculares
y me pondré música relajante,
alguna pieza tipo «andante»
o irme a otros lugares.

Definitivamente
necesito absoluto silencio,
un nuevo espacio
donde centrar mi mente.

Me voy al quinto pino,
en el centro del bosque,
y casi lo consigo.

Por las ramas subiendo
una ardilla juguetona
atrae mi atención sin remedio, sin remedio.

AYUDA

Quiero dedicar mi pensamiento
a todos aquellos que resurgen
de su noche, de sus cenizas,
de su voluntad hecha trizas.

Buscando por donde, una salida
con su propio consentimiento,
acaban con ese tormento
y de nuevo encuentran su día.

Víctimas de soledades propias,
arrastrándolas como cadenas,
levantándolas apenas
con la ayuda de gentes pías.

Somos dueños de nuestro destino,
pero a veces precisamos una mano
que nos devuelva al buen camino.

Somos gigantes, poderosos,
pero a veces precisamos creer en nosotros
gracias a otros que nos abrieron los ojos.

NOCHES NEGRAS

Cuántas noches de cama vacía,
de sudores entre sábanas frías,
sin otra respiración, solo la mía,
sin tus labios… qué es lo que daría.

Noches, más largas y negras,
como el reo atado a su cadena,
inseparable de su condena,
solo deseo un remedio sin espera.

Voy vagando con mi mente y mi ser
por tinieblas, sin estrellas ni luna,
te quiero a ti, más que a ninguna,
solo contigo, ver juntos el amanecer.

He pasado y sufrido mi purgatorio,
deseo una aurora como las de antes,
iluminada con besos y deseos amatorios.

Sin posesiones ni heridas,
solo cuerpos intercambiando almas
y también verdades… sin mentiras.

SOLO CONTIGO

Solo contigo puedo descubrir
el deseo de amar fuerte,
despertar mi cuerpo frío e inerte
y notar que el fuego se hace sentir.

Los dos compartiremos un preludio
de fogosidad y caricias encendidas,
de roces de pieles enrojecidas,
de sudores, gemidos, sin ángel custodio.

Somos dos corazones, un mismo latido,
nuestro campo de batalla sin derrotas,
amor transgresor, sin normas ni pautas,
el hastío y el tedio serán abatidos.

Estaremos abiertos a huidas sin retorno,
a caminos de rosas sin espinas ni ortigas,
todo, todo en un hogar cálido y sin invierno.

Conquistaremos el destino sin aliento,
llegaremos al éxtasis de nuestros sueños,
a un firmamento sin espacio al aburrimiento.

MANOS

Son el perfecto complemento
de la palabra y la mirada.

Hay manos generosas que acarician,
otras manos terribles que castigan,
manos amables que saludan,
manos que por la espalda apuñalan.

Hay manos que ofrecen,
otras manos que no dan,
manos que construyen,
otras tantas que destruyen.

Hay manos que tapan bocas,
otras manos que cubren los ojos,
manos que se usan como puños,
otras tantas, amenazadas y atadas.

Las manos, extensión y reflejo del cuerpo
que, en ocasiones, no domina el corazón,
pudiendo descontrolar situaciones
por torpeza y malas razones.

DESCONSUELO

Por las grietas de mi alma
se escapan alegrías
huyendo del miedo,
no consigo pararlas.

No encuentro consuelo
ni luz que me ampare,
qué difícil es encontrar
el sosiego que me calme.

Me siento vulnerable,
quisiera vehemente,
de alguien, un gesto afable,
una mirada amable
para poder recomponer
la esencia desnuda ya perdida,
devolverla de nuevo a la vida,
de nuevo con su latido
y con esmero cerrar la herida.

ES HORA, ES AHORA

Tu imagen respira rebeldía,
de mirada desafiante
ante el dominante y su injusticia,
mano dura frente al que asedia.

Vienes desde el fondo de la historia,
invisible, callada y subyugada,
sin tenerte en cuenta para nada
contabas solo como objeto de lujuria.

Como producto de escaparate,
pintadita y con tareas subalternas
te decían que eras moderna
por tener un trabajo gratificante.

¡Mujeres!, llegó el día y es ahora,
sois más inteligentes y capaces
de sobrepasar los techos limitantes,
no sois secuaces, sois heroínas.

Las mujeres han llegado para quedarse,
siempre estuvieron y se valieron de ellas,
ahora son protagonistas y escribirán su historia.

LO QUE QUIERO

Quiero llenarme de ti,
sentirte latido a latido,
beberte sorbo a sorbo,
estar juntos, siempre así.

Sentir la caricia de tu corazón,
la calidez que emana cada día,
sabiendo crear esa armonía
que me turba hasta la razón.

Tus manos, como brazos de mar,
saben de arrumacos y cariños,
de darse en todos los sentidos;
así, uno pierde hasta el pensar.

Mi copa de júbilo ya está saciada,
que bebas la vida con sus mieles,
quiero pensarte siempre enamorada.

Que se abran las puertas del paraíso,
ante el amor que nos hemos dado
sin más requisito ni pedir permiso.

OTOÑO

Pacen las nubes en lo alto,
pastan por las riberas los caballos,
van los ríos colmando sedientos,
crecen los bosques en silencio.

Corre el viento con su brisa
meciendo hojas secas, presumidas,
vestidas de otoño, ya dormidas,
pronto resurgirá todo con su risa.

Se vuelven los campos yermos,
desnudos de verdes y pájaros,
los bosques con sus mil matices
de marrones, naranjas y ocres.

Se torna el mar bravo, arbolado,
creciendo el tiempo de la noche,
época de lluvias sin reproche,
el tiempo del verano ha acabado.

Es el otoño en todo su hechizo,
estación de guaridas y castañas,
época de cocidos y ollas con chorizo.

APRECIACIONES

Qué distinto se aprecia
el mismo paisaje
de acuerdo con el mensaje
que inspira nuestra mente.

Qué distinto es el plumaje
siendo la misma ave
en el mismo enclave
en función del aprendizaje.

Qué distinto se ve el traje,
según si es actual o pasado de moda,
si tienes mucho o te sobra
o si vas corto de equipaje.

Qué distintas son las miradas,
las opiniones o pareceres
según la cantidad de monedas.

Qué fácil es encasillar a la gente
donde manda caballero don Dinero,
o cuando se es estrecho de mente.

OSCURIDAD

Tiempos de oscuridad, de recogerse,
de buscar bien adentro nuestra claridad.

Tiempos de incertidumbre,
de anclarse al pilar de nuestra fortaleza
con la firme actitud de resistencia.

Tiempos también de lucha,
de oportunidades para sacar
lo mejor de nosotros y también
para ser mejor que muchos otros,
tenemos que intentarlo con coraje,
al final acabará dando sus frutos.

Lo que imaginamos
y visualizamos en el espíritu,
conseguiremos alcanzarlo
en la realidad.

Vendrán otros tiempos,
pasarán los malos,
la vida es un bumerán,
los momentos, tal como vienen, se irán.

UNIVERSO

Recorre mi vista el infinito
contemplando en una noche de estío
la desmesura del espacio,
me siento pequeño y atónito.

Qué regalo más grandioso,
¿qué papel hago en todo eso?
Las preguntas golpean mi seso
dejándome algo ansioso.

Formamos parte de un todo
que llamamos Universo,
moviéndose todo al unísono,
podemos llamarle «milagro».

Según dicen los expertos,
todo empezó con el *Big Bang*
hace millones de años.

Solo nos queda ser agradecidos,
vivir la vida y como dijo el poeta:
«Una suerte haber nacido».

QUEDARON ATRÁS

Quedaron atrás
la infancia y con ella
el mensaje en la botella
al País de Nunca Jamás.

Nunca devolvió la llamada
el pirata con pata de palo,
seguramente era el malo
o llegó a la isla equivocada.

Quedaron atrás colecciones
de tapones, sellos y cromos,
junto con cuentos en seis tomos
por los estantes y cajones.

Pasaron los años y cambiaron
las prioridades y los sueños,
todo un abanico de posibilidades
se abría ante mí, interminable.

Hoy tengo un mundo por conquistar
y digerirlo con conocimiento y humildad,
hacerse mayor tiene su responsabilidad.

AHORA

Ahora me aferro
con mis garras y mis ganas
enfrentándome a fantasmas
de mis noches de hielo.

Escarbo entre las cenizas
de un enorme silencio,
encontrando todo mi desprecio
hacia las hordas hechas nieblas.

Ahora entiendo y reconozco
lo que la realidad me transmite
y mi consciente admite
fruto del miedo y el pavor.

Proclamo que a partir de ahora
voy a rescatarme del naufragio
yendo hacia el futuro sin demora.

Mañana seré un hombre nuevo,
con mi mente, coraza y espada,
a ganarme el futuro perfecto.

COMO DIOSA

Tu cuerpo hecho pretexto
para demasías, bacanales
y demás deseos carnales,
han equivocado el concepto.

Tu cuerpo de Venus y arte,
como antigua diosa griega,
como de una flor naciera,
estás hecha para admirarte.

Tu cuerpo me transporta
a la poesía y a la erótica,
a la fascinación y la estima
de quien aprecia la belleza.

Ante tanta veneración
primero anteponer respeto
y derecho a la liberación.

Todos somos dioses y diosas,
somos humanos, iguales y libres,
las comparaciones son odiosas.

LATIDOS

Quiero encontrarme con mis latidos,
los descubriré en la orilla del mar,
los apaciguaré en cada pulsar,
frente al mar dejaré de estar abatido.

Late el mar en cada nueva ola,
sonando a tañido de campana
con toques de hora temprana
resonando dentro de la caracola.

Respira el mar al igual que respiramos,
inspiran y expiran las olas en la orilla,
pulmones que en la arena amartillan,
pulsaciones influenciadas por los astros.

Todo el universo late y tiene vida,
hay pulsos en todo lo que acoge,
todo lo seco se renueva a verde,
a toda noche le sigue un nuevo día.

Respirar, pulsar, latir…, vivir.

LIBROS

Libros, como ventanas abiertas
a fantasías, aventuras, poesías…,
iluminando nuestras noches,
haciéndolas más nítidas y claras.

Libros, como ríos de tinta
que alimentan nuestras neuronas
haciéndolas más brillantes
y regando nuestras almas.

Libros, como puentes que cruzar
a nuevas historias y lugares,
abriendo nuestras mentes
hacia rutas por montañas y mares.

Libros, como amigos fieles
ahuyentando la soledad
sin importarles la edad.

Libros, una buena terapia
contra el tedio y la apatía
que nos mantiene la mente viva.

SOÑADORES

Vieron a gentes extravagantes
comportándose de manera extraña,
actuando con mucha maña
y habilidades al margen de los mortales.

Eran tildados de anormales y raros,
eran diferentes, sin importarles el futuro,
vivían el presente, su trabajo era su fruto,
eran apasionados, genios o inadaptados.

Como las águilas, nunca iban en manada,
eran libres, viviendo a cielo abierto
aunque el porvenir lo tuvieran incierto,
sin compromisos ni hipotecas o casi nada.

Una rareza en el mundo del capital,
un estilo de vida voluntario o forzado,
eran trashumantes, como sus pertenencias.

No seguían modas ni tendencias,
estaban al margen de opiniones ajenas,
solo contaban ellos y sus vivencias.

ASÍ SOMOS

Así somos… todos,
buenos maridos, esposas,
hermanos, sobrinos y tíos
y algunos cuantos más.

Hablamos mucho sin pensar,
rectificar no es lo nuestro,
vamos siempre al encuentro
de ponernos sobre los demás.

Actuamos «en defensa propia»,
nos hablan y pensamos con revancha
sin escuchar, ya damos chanza,
estamos abocados a la entropía.

Vamos a cuestas con nuestro ego,
cada uno con su grado e intensidad,
nadie se salva en esta sociedad
no damos tregua para el sosiego.

Reflexión, educación, meditación…
en el diccionario del comportar
no aparecen por ningún rincón.

CLAMOR DE INOCENTES

Cuánto horror sin nombre,
cuánta desgracia y pesadumbre,
cuántas ingentes almas que viven
al borde o cayendo en la muerte.

Cómo se puede ser tan salvaje,
inocentes, apenas vienen a la vida
entre bombas y lucha cainita
sin derecho a existir ni peaje.

La guerra parece más rentable,
poderosos, que en sus manos está la paz,
se tornan aguerridos poniéndose el antifaz,
da más dinero, todo muy lamentable.

Un espanto de asesinatos y sangre,
propio de carroña y despojos inhumanos,
sin derecho a llamarse humanos,
ni siquiera actúan así las serpientes.

Hemos evolucionado para la muerte
con tecnologías, armas y armatostes,
pero en humanidad el cerebro continúa inerte.

AMIGOS

Creo que me llegarán
vientos propicios, tal vez alisios
que me estimularán el ánimo,
henchido de ganas y afán.

Como la calidez de los vientos,
compartiré el calor de los amigos
con sus sinceros abrazos
y comentarios llenos de cariño.

Los veo, los siento y ansío
en los buenos momentos,
pero, sobre todo, en los trances,
dando la talla, siendo enormes,
entonces son múltiples detalles
que guardarse en los recovecos
de un corazón agradecido.

Qué sería de nuestra existencia
sin la comprensión, camaradería,
la compañía y mutuas confidencias.

¿Cómo llenaríamos nuestro tiempo
sin alma ni corazón, compartiendo
afinidades y caricias en todo momento?

EL PAÍS QUE ME GUSTARÍA

Un país culto,
sin posibilidad de manipularlo,
ciudadanos con criterio propio
que se cuestionen cada acto,
cada noticia, cada escrito.

Un país serio, con palabra, ecuánime,
que se sienta libre, que sea selectivo,
que se informe, y consuma cultura y arte.

Qué suerte si un día las revistas
cutres, de bulos y chismes,
notaran en las ventas menos ejemplares,
las televisiones con menos espectadores
y más gente se convirtiera en lectores.

Un país impasible ante las injusticias,
que no las grita como grita los goles,
está dormida en los laureles
y vulnerable ante las harpías.

Un país leído e informado es dueño de su destino
tomando decisiones con más atino
con otros ciudadanos, mano a mano,
un país con autoestima, que valga la pena,
dejar a los hijos un mejor futuro
con una vida más justa, democrática y plena.

LEVEDAD

La hoja seca movida por el viento,
la abeja jugueteando sobre la flor abierta,
el rocío de la mañana con su escarcha,
la primavera con los pájaros y su canto.

Es la vida activa mostrando su delicadeza
y es el amor presentándose ante nosotros
como verdaderos ejemplos, guías y maestros
con toda su levedad, respeto y sutileza.

Solo tenemos que fijarnos en la naturaleza,
sucede a su tiempo, moviéndose en armonía
de manera espontánea, en perfecta sintonía,
nos da una idea del amor y su nobleza.

Los humanos a veces actuamos con torpeza,
como pensantes, tenemos nuestro ego,
con el amor y con todo nos cuesta el desapego
sin darnos cuenta de que de la felicidad todo emana.

El amor es lo único que nos podremos llevar,
todo lo demás lo dejaremos un día, sin aviso previo,
estamos de prestado, eso da que pensar.

FLUIR

Nada como el fluir,
seguir el curso de la vida,
con la gente viva y agradecida
ante la incógnita del porvenir.

Se trata de sentir,
de aceptar lo que viene,
aunque te aprisione o te ahogue,
aceptar, aceptar… y dejarse llevar.

Lo que no puedes dominar
mejor aceptar y fluir, es absurdo resistir,
lo que tenga que ser ya se verá.

Todo lo demás es sufrir… Ansiedad.

ARENA

Arena,
partículas minúsculas hijas de la roca y la erosión,
millones de años de evolución, de fricción por ríos y olas del mar.

Arena,
material de periferias, condenada y eterna rodante,
más fina que la tierra, semejante, habitas orillas, estuarios y riberas.

Arena,
colchón mullido y suave de caminantes y bañistas de costa,
del roce de millones de conchas convertidas en briznas de cristales.

Arena,
esencial en castillos de juguete, con su foso y su puente levadizo
con los que niños con cubo y pala se divierten.

Arena,
material humilde pero necesario, los humanos construimos
los hogares desde la aparición del Cuaternario.

RAYO

Nada hay más contundente que el rayo en la tormenta,
mal tiempo, lluvia fuerte, ventisca que no cesa…,
todo influye en el estado de ánimo,
nubes negras, amenazantes,
animales corriendo, buscando abrigo.

El rayo es el que más asusta y constriñe,
es fulminante, tajante, es la rúbrica y la sentencia,
rápido, hijo de trueno, sin clemencia,
se le teme como a la muerte.

SUERO

Suero que entras por mi cuerpo fluyendo por las venas
acariciándolas apenas, sintiendo revivir mi sueño.

Noto que me tratas con esmero, espero con ansia mi mejoría
contando día tras día que resisto mejor ante el esfuerzo.

Ya no estoy enfermo;
gracias, suero querido,
me ayudaste, ya no mermo.

CAÍDA

De ella nadie nos protege,
es inesperada, a veces oportuna,
a veces salvadora y siempre es aprendizaje.

Todos la llevamos en nuestro equipaje,
momentos duros ya pasados, sumando cien contados,
pero al siguiente hay que levantarse.

La vida va en un solo sentido,
no hay que lamentarse y seguir adelante,
quien no se mueve va directo al desastre.

INACABABLE

Tenemos una vida finita, todo inicio tiene su final,
es mandato natural, lo que se nos da se nos quita.

El mundo, con el universo no terminan, son inacabables,
resurgen en cada primavera, lo seco volverá a ser verde,
como fuente que brota incesante con sus estaciones.

Nosotros viviremos lo nuestro disfrutando de sus bondades,
haremos caso del *carpe diem* viviendo cada instante,
llenando nuestra vida de amores, amigos y arte.

HAIKUS

1. Todo se aprende, todo tiene un «depende»,
con interés permanente
podrás llegar a ser inteligente.

2. Me la encuentro leyendo, pasando del libro las hojas
como quien deshoja margaritas
averiguando el desenlace: «sí, no».

3. Somos animales de costumbres, nos movemos por impulsos,
nos ganamos bien a pulso tropezar con la misma piedra
dos veces, con las extremidades.

4. Convivo con el silencio pegado a mi piel,
que, suplicando a otra piel,
vamos clamando matar al silencio.

5. A veces me siento lazo, a veces me siento nudo,
al fundirme con otros en un abrazo…
Todos somos UNO.

6. Vamos detrás de utopías cruzando cielos abiertos,
emulando antiguos muertos que hoy se encuentran
tras las tapias de los cementerios.

7. Caricias que humedecen otras pieles ansiosas,
como suave lluvia fresca
posándose sobre pétalos de rosas.

8. Estrenar el frasco del amor y descubrir
que la fecha de caducidad depende
de los conservantes que apliquemos.

TE SIENTO

Te siento junto a mí,
sé que no estás aquí,
estás lejos, pero te noto
cerca, muy adentro.

Sé que hoy estaré solo,
advierto tu ausencia, sin remedio,
sueño que acaricias mi pelo
trenzándolo entre tus dedos.

Reparo en tu mirada clavándose
en mis ojos apasionados,
nublándome los sentidos
aunque no estés presente.

Añoro estar los dos juntos
compartiendo un mismo pulso,
acercando nuestros labios,
unidos en un solo beso.

Ven sin desmayo,
esperaré tu regreso
como el agua de mayo.

REBELDÍA

Ampliemos la voz, que se nos oiga,
frente a la mordaza y fuerte atonía,
frente a tantas bocas que callan,
otras voces clamarán delante
de tanta desmesura y agonía.

No nos conformemos, estamos en un pozo
viendo el círculo de las estrellas,
queremos ver todo el firmamento,
no queremos morder el polvo en un agujero.

Se acabó el tiempo de la prohibición,
empieza la era de la resistencia,
del clamor sordo y sin clemencia,
pasemos a otra situación.

Esta es la hora soñada,
pongamos pie en pared,
espalda contra espalda,
salgamos de esta madrugada.

Ya notamos la brisa en la cara,
el cálido sol nos guía y alimenta,
nos enfrentaremos a la tormenta
aunque paguemos la vida muy cara.

Al final, seremos lo que conquistemos,
nuestra estima y orgullo bien altos,
los triunfos siempre se consiguen,
ganar al asalto no estando sentados.

AFINIDADES

Qué gozo encontrar
a otro ser humano
que se levanta temprano
cuando se trata de aportar.

Qué ilusión coincidir
siguiendo los mismos horizontes
que las gentes valientes,
sobre todo en el sentir.

Qué gratificante resulta,
junto con otros, encontrar
la llave para poder rajar
toda la maldad oculta.

Qué orgullo pertenecer
a una sociedad madura
que respeta y ayuda.

Qué suerte conseguir
tus ambiciones y anhelos
con otros afectos paralelos.

LO QUE HARÍA SI ESTUVIERAS

Lo que haría si estuvieras…
Llenaría de canciones las noches,
las vaciaría de reproches,
solo los dos a la luz de las velas.

Te ofrecería con gusto la luna,
adornada de besos y flores,
con sonrisa de mil amores
y llevándola hasta tu cuna.

Te adornaría la vida con caricias,
arropándote con mis mejores versos,
con pellizcos suaves y perversos
hasta darte a conocer mis malicias.

Amor mío, ven pronto,
así la vida merecerá ser vivida
disfrutándola a cada momento.

Salgamos los dos al encuentro
de nuestro futuro, juntos haremos
de nuestro amor el epicentro.

HIJOS DEL SILENCIO

Éramos furtivos, éramos jóvenes,
éramos clandestinos, éramos fugitivos.

Heredamos silencios y exilio,
brazos en alto, catecismo y rosario,
entre sotanas, serenos y tricornios,
obispos con el dictador bajo palio.

Tiempo de censuras y desmesuras,
de golpes de regla y coscorrones;
si no memorizabas las lecciones,
te daban un buen tirón de orejas.

Huir de las porras de los grises
era nuestro principal deporte
para poder ver un concierto progre.

Con la única pareja descubrimos el sexo,
la verdadera libertad vino más tarde,
divorcio, aborto, feminismo, ley trans…
Ahora somos europeos, todo un alarde.

TRASTOS VIEJOS

Armatostes de otros tiempos
eran útiles, con vida propia,
ahora están entre la escoria,
mil historias hechas recuerdos.

La bicicleta del abuelo
ya no le gusta al nieto,
es pesada, es de hierro,
prefiere la de fibra de carbono.

La máquina de coser
era un tesoro, ahora no cose nadie,
antes una madre vestía a todos
sin tener que pasar por el sastre.

Antes, no cualquiera tenía un coche,
cabían cinco en un Seiscientos,
nadie ponía ningún reproche,
de vacaciones iban a los Pirineos.

Por imperativo de la evolución
siempre hay una nueva solución,
es el progreso… la sustitución.

COPOS

Era un día frío y desapacible,
estábamos a primeros de diciembre,
caían los primeros copos de nieve
que veía a través de los cristales.

Me había preparado el desayuno
de café con leche con copos de avena,
estaba a gusto en la estancia serena,
había encendido la chimenea, era oportuno.

Llegando la noche, la nieve ya cubría
los portales y las ruedas de los coches,
eran varias capas a lo largo del día,
era el momento de tomar una copa.

Era el escenario perfecto;
una cabaña acogedora,
disfrutando el momento,
la compañía de los amigos…

No hay invierno genuino
sin capas, sin copos, sin copas.

INCIPIENTE

En algún inicio de la vida
todo ha sido incipiente,
creciendo de repente,
sorprendiéndonos con su venida.

Hemos sido incipientes en la infancia,
incipientes en hacer amigos,
incipientes en amores y castigos,
incipientes cuando llegó la abundancia.

Hemos sido incipientes conociendo desgracias,
incipientes en reveses y traiciones,
incipientes en componer canciones,
incipientes al salir las primeras canas.

En momentos postreros de la vida
todo ha sido completado, gastado,
arruinado, destruido… o consumido.

Todo lo que sube tiene su caída.

SINGLADURAS

Todos somos caminantes,
por los mares, navegantes,
van cada uno por su travesía
con su acervo y experiencia.

Con singladuras singulares
van superando dificultades,
unos yendo a toda vela,
otros con más cautela.

Lo importante es el camino,
ir siguiendo el cauce del río,
el tiempo fluye hacia delante
como riachuelos y torrentes.

Tenemos todo un mar de futuro
con anchos y llanos horizontes;
aunque haya precipicios y montes,
los superaremos aunque sea duro.

BIOGRAFÍA

Josep Martí Esteban, Gandía (1948), Inició Bellas Artes de San Carlos en Valencia, pero pronto decidió pasarse a la incipiente publicidad como diseñador gráfico, ilustrador, redactor, creando campañas en diversas agencias como Canut & Bardina, Clarín, Publipress…

Fundador de estudios de diseño como Redolí, Perfil, Creatival, Imagen e Ideas… entre otros, trabajando para sectores como el del juguete, campañas institucionales (Generalitat Valenciana) y en el sector financiero (CECA) con manuales para creaciones de imagen.

Una profesión que le ha llenado de satisfacciones durante más de treinta años.

Ahora con la vida más reposada ha vuelto a la escritura habiendo publicado un primer libro de narrativa: *"La inocencia de creerse libres"* editado por Letrame (2022)

El poemario *"Llençols"* editado en catalán por Círculo Rojo (2023)

El poemario *"Bajo las lunas de agosto"* editado por Letras Minúsculas (2024)

El poemario *"Entre brumas y dunas"* en Loto Azul editorial (2024)

Ha colaborado en sendas antologías de poesía, con la *Agrupación Nacional Verso Abierto* (como socio) y del *Grupo Platea.* pertenece a la *"Agrupació d'escriptors en lengua catalana"*

ÍNDICE